WMP-19-004
Solo Trumpet and Piano

MECHA MOTE SERIES

トランペットプレイヤーのための新しいソロ楽譜
めちゃモテ・トランペット

愛の讃歌 Hymne à l'amour

作曲：Margueritte Monnot

編曲：築山昌広、田中和音　Arr. by Masahiro Tsukiyama, Kazune Tanaka

演奏時間：3分20秒

◆曲目解説◆

　フランスのシャンソン歌手、エディット・ピアフの代表作。日本では越路吹雪、美輪明宏など多くの歌手によって歌われています。原題は『イム・ア・ラムール(Hymne à l'amour)』です。世界中で愛され続け、これからも末永く後世に語り継がれるであろう楽曲をしっとりと、ソロで聴かせてみませんか。

パート譜は切り離してお使いください。

Winds Score

愛の讃歌
Hymne à l'amour

Margueritte Monnot   Arr. by Masahiro Tsukiyama, Kazune Tanaka

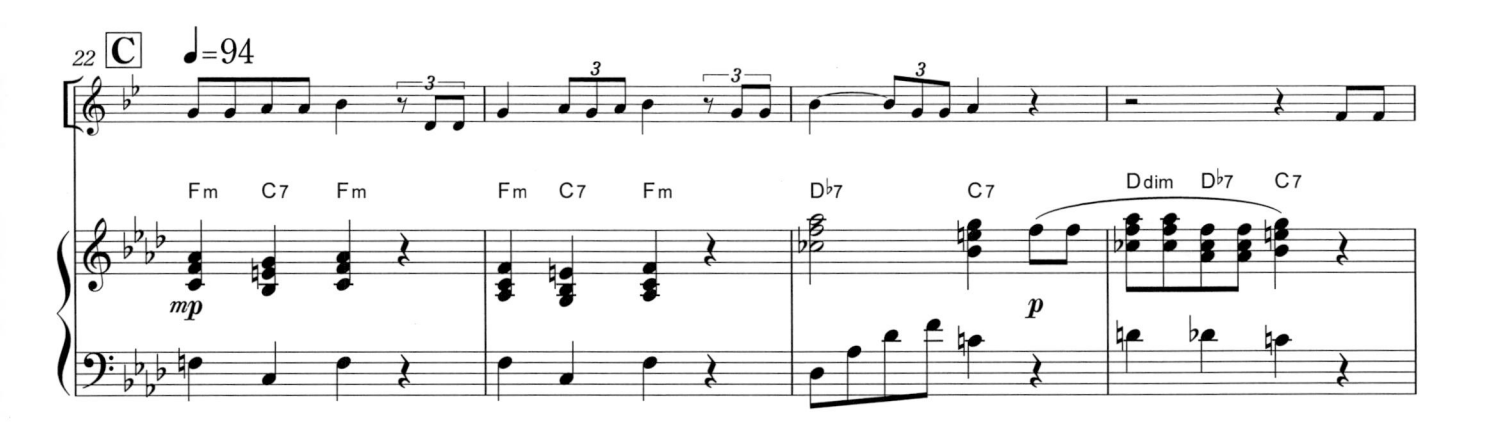

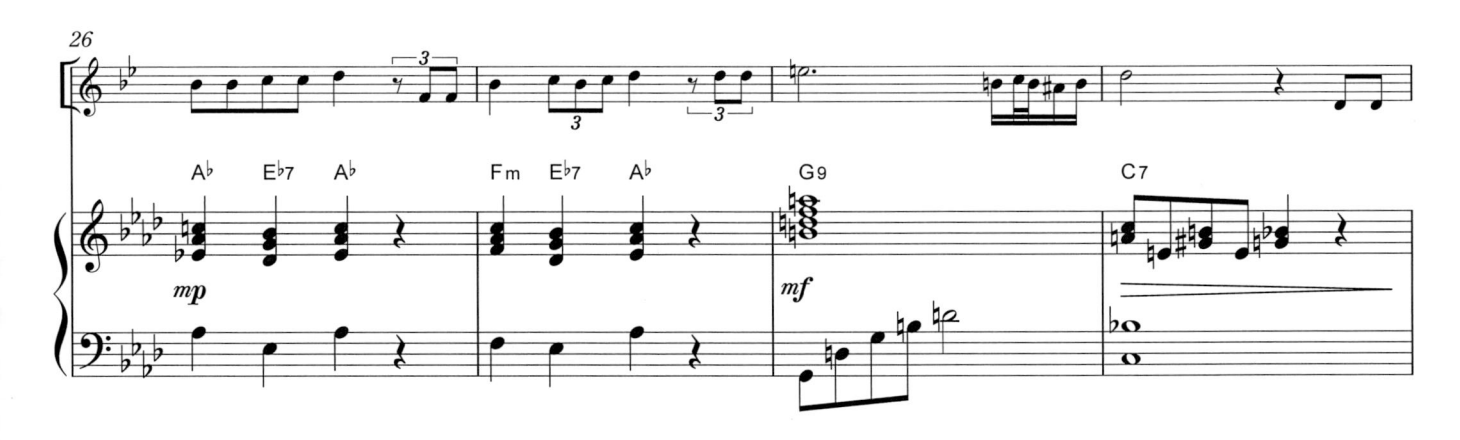

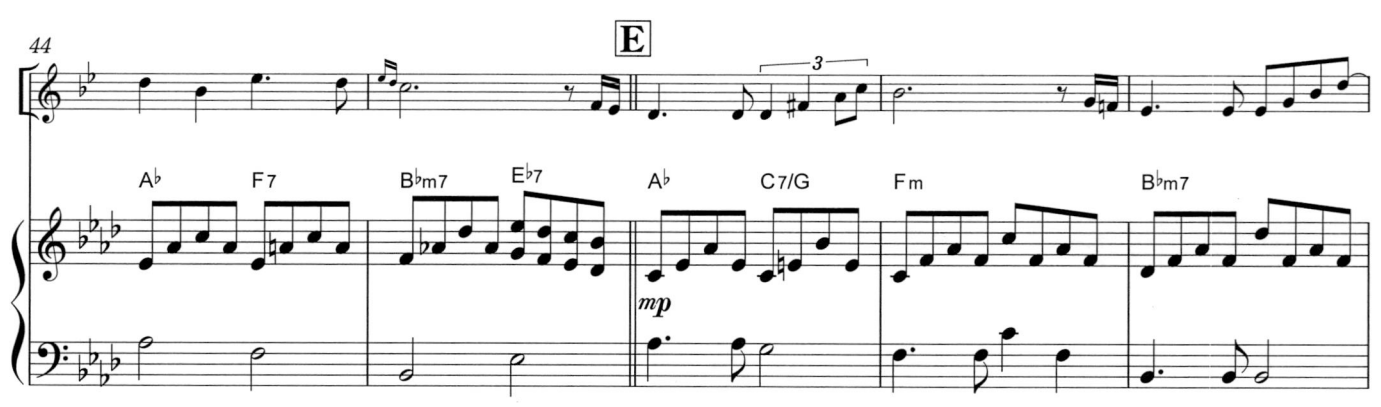

パート譜は切り離してお使いください。

愛の讃歌
Hymne à l'amour

Bb Trumpet

Margueritte Monnot　Arr. by Masahiro Tsukiyama, Kazune Tanaka

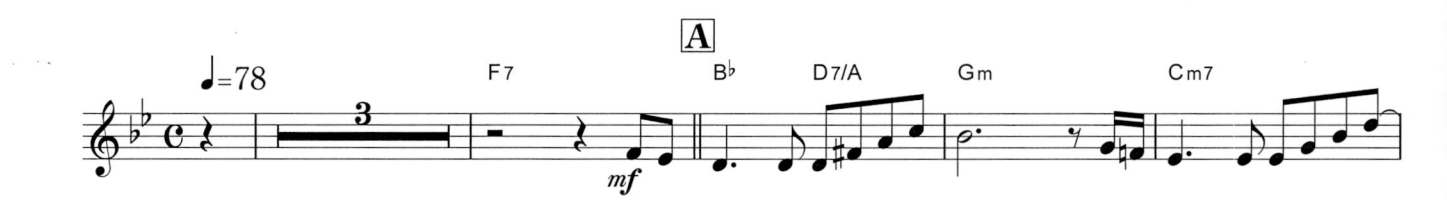

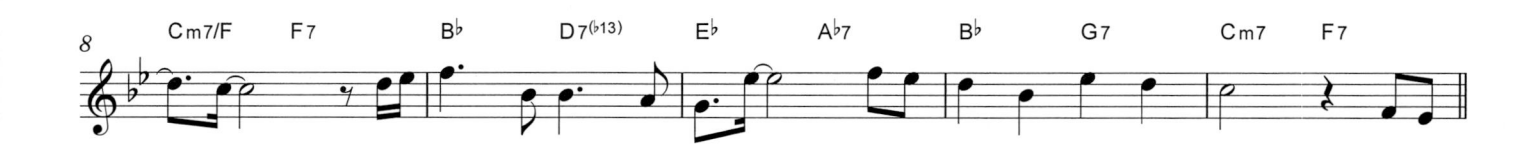

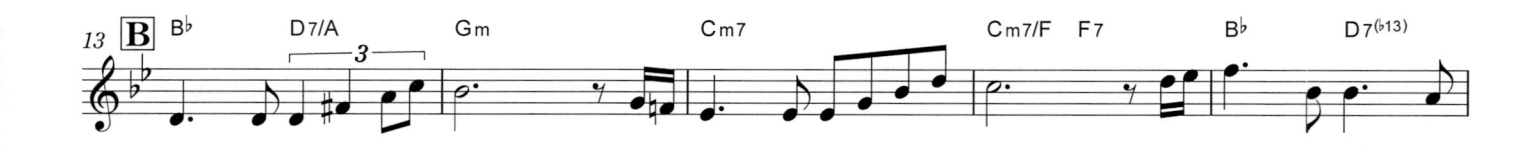

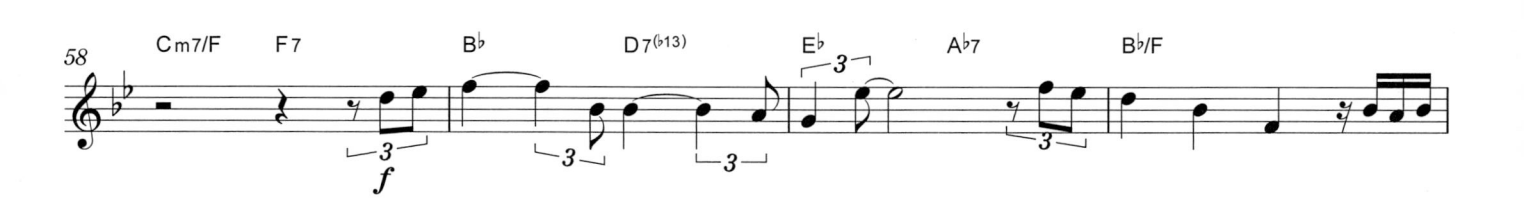

Winds Score
WMP-19-004

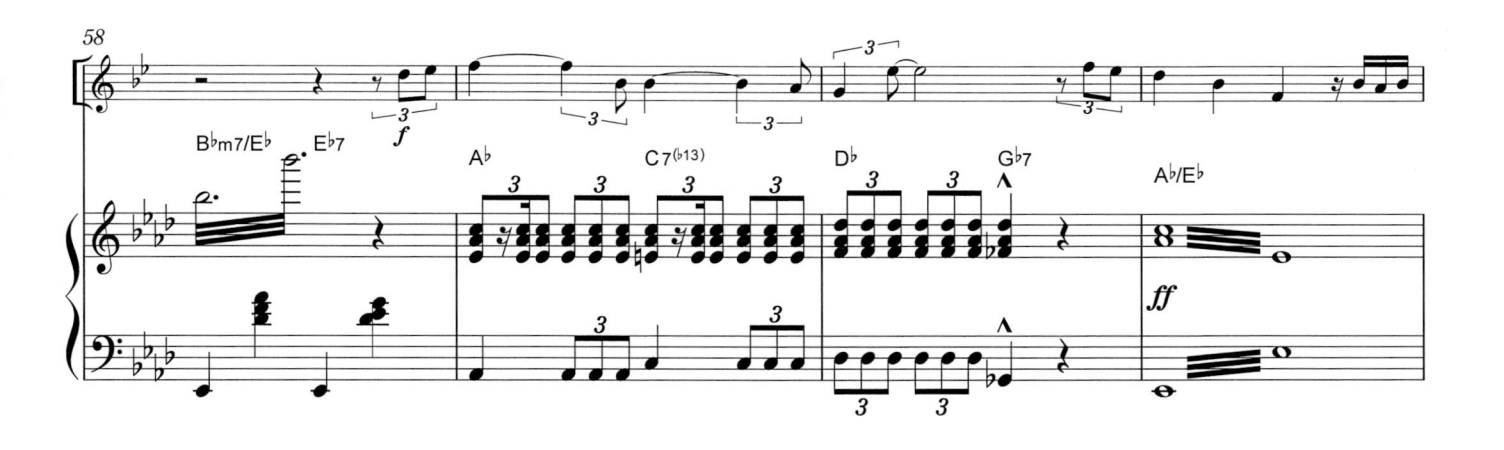

ご注文について

ウィンズスコアの商品は全国の楽器店、ならびに書店にてお求めになれますが、店頭でのご購入が困難な場合、当社WEBサイト・電話からのご注文で、直接ご購入が可能です。

◎当社WEBサイトでのご注文方法

winds-score.com

上記のURLへアクセスし、オンラインショップにてご注文ください。

◎お電話でのご注文方法

TEL.0120-713-771

営業時間内に電話いただければ、電話にてご注文を承ります。